女孩的丛林

女孩人际交往中的那些事

女孩的丛林

女孩人际交往中的那些事

〔韩〕吴善京◎著　　〔韩〕棕　熊◎绘　　姜青美◎译

北京科学技术出版社
100 层童书馆

比丛林更恐怖的教室

本书之所以名为《女孩的丛林：女孩人际交往中的那些事》，是因为作者将书中主人公所在的小学班级比作丛林。实际上，有时候小学的高年级班级，确实堪称"丛林"。

成绩优异且形象出众的孩子，在学校里通常人气很高，在班级中往往也享有特权。这些孩子一旦尝到权力的滋味，很快就会深谙此道并享受其中。而其他孩子则会想方设法融入特权团体，努力和他们搞好关系。这和成年人的世界如此相似，实在令人震惊。

学校本应是孩子们追逐梦想、茁壮成长的地方，难道不该和成年人的世界有所区别吗？

　　看到同学遭到欺凌时，如果选择保持沉默，就会逐渐变得麻木。这对所有人都没有好处。要是没有任何人敢站出来，就像书中描写的那样，那么下一个被欺凌的，或许就是你自己。

　　其实我在小学六年级的时候，也曾遭遇过校园欺凌。读这本书时，那段被尘封在记忆深处的经历再一次在我的脑海中浮现，那时年幼的我是多么无助啊。虽然来得有些迟，但这本书还是给曾经的我带来了些许慰藉。

　　或许是因为作者是小学老师，这本书不仅能让孩子们产生强烈的共鸣，也具备足以警醒成年人的力量。

对那些害怕与他人建立联系，或是想要帮助他人的孩子而言，这本书能够带给他们勇气、希望和信心。

韩国教育专家　李恩京

当同学遭到欺凌

你目睹或者遭遇过校园欺凌吗？每天都在同一间教室相处，同学之间难免会产生矛盾和冲突。

一群人长时间聚在一起，产生矛盾是再正常不过的事情，重要的是如何妥善解决。在班级里，我们需要学会如何与他人建立联系、进行沟通交流以及化解矛盾。可这并不是一件容易的事，不是吗？

我在当小学老师的时候，见过学生之间发生的各种各样的冲突，尤其是在高年级班级里，同学之间的权力结构非常清晰。大家有没有目睹过，因为某个人带错了头，就导致其他人遭受欺凌的情况呢？

姓氏和外貌都有可能成为被取笑的由头与谈资。有时候，欺凌甚至根本不需要理由。当这种情况发生时，大家通常会怎么应对呢？是不是也曾有过视若无睹、保持沉默的时候？

当同学遭受欺凌时，如果你选择默不作声、袖手旁观，甚至对欺凌行为渐渐麻木，会有什么后果呢？当你因被欺凌而痛苦万分时，别人是否也会对你的遭遇视而不见？

书中的一些情节和我的真实经历十分相似。你如果在读这本书时，也想起了过去发生的类似的事，不妨仔细回忆一下，当时自己做了怎样的选择，然后想一想，以后遇到这种事该如何抉择。

我相信，在别人需要帮助的时候，大家都会鼓起勇气，伸出援助之手。希望大家都能成为勇敢的人，在同学被欺凌时挺身而出，而不是置身事外。

目 录

榜　样

转学来到这里已经一周了。起初，我满心担忧会因转学生的身份而备受关注。好在新学期刚刚开始，外加我新搬去的小区本就人多，作为众多转学生之一，我并未格外引人注意。

我被分到了六年级一班。班里有 27 名学生，人数不算少。对不想引人注目的我来说，这样正合适。更让我满意的是，这里没有一个人认识我。真希望以后也能如此，谁都别在意我，别对我产生兴趣。就目前来看，一切都还不错。

课间，我要么一个人看书，要么趴在桌子上睡觉。即便我浑身散发着"生人勿近"的气息，偶尔还是会有同学过来搭话。

"你叫什么名字来着？"

"……金多仁。"

我压低嗓音回答，尽量面无表情，也避免任何眼神交流。我所有的肢体语言都在向对方传达：我不想继续交谈。

当我直接起身去卫生间，或者翻开书来看时，对方就会露出尴尬的表情，或是扫兴地走开。我觉得就这样一个人静静地待着，也挺好的。

总之，我不想再交朋友了。

"我现在做得很好，似有似无，没什么存在感。"

当我开始保持沉默，一些原本沉睡的感觉便一点点苏醒，而隐匿在教室里的"丛林"，也逐渐变得清晰可见。

身处教室"丛林"的同学们可以分为三类。毋庸置疑的强者，就像丛林里的狮子，即便只是静静地站在那里，也会吸引一众拥趸。在这个班级里，李瑞希就是那头"狮子"。

"瑞希，你今天可真漂亮！你的发卡是新买的吗？"

"狮子"一旦登场，"鬣狗们"就会纷至沓来。她们围在"狮子"身边，像在说"请不要吃掉我"一般谄媚奉承，企图得到"狮子"的庇护。

"不是，是别人送我的。"

"狮子"展示着自己收到的礼物，神情高冷。

"哇，可真适合你！"

第一个凑到"狮子"旁边的是智允。"鬣狗们"会先观察"狮子"的情绪，要是眼下"狮子"看起来心情还不错，"鬣狗们"便可暂时松一口气。

"啊！我也想买这个来着，要不我们戴同款吧，好不好？"

站在瑞希身边的秀敏兴奋地提议。可刹那间，周遭的气氛随着瑞希表情的变化降到了冰点。想要独享特权的"狮子"，又怎会愿意和"鬣狗"分享！

最先察觉到瑞希情绪变化的智允连忙打圆场："不过……这款式看着不太适合你吧？"

“啊，说的也是。瑞希戴什么款式的发卡都好看，真让人羡慕！”

确实，只有训练有素的“鬣狗”才有这种瞬间应对和转变的能力。至此，“狮子”也露出了满意的笑容。

而其他同学，都可归为"草食动物"，就像丛林里的黑斑羚和斑马，因为不知道自己何时会变成猎物，只得竭尽全力避免与狮子和鬣狗正面交锋。

"狮子""鬣狗"，还有"草食动物"……经过一周的

观察，我看到的六年级一班，貌似和其他"丛林"并没有什么不同，直到我注意到班里一个名叫皮娜妍的女生。

第一次知道皮娜妍，是一只"黑斑羚"在班里引发骚乱的那天。那天，安静的教室里，突然响起了令人不适的尖叫声。

"朴秀敏！"

朴秀敏是"狮子"的左膀右臂，所以班里没人敢轻易招惹她……看来是出了什么大事。当素恩用尖锐的声音喊出秀敏的名字后，瞬间，同学们便一窝蜂地围了过去。

"这是怎么回事？这是我要参赛的画！"

素恩哭丧着脸，拿起被牛奶弄湿的画作。即便我刚转来一星期，也知道素恩对画画有多用心。精心准备的参赛作品就这么被毁了，难怪她如此生气。

"你说，是我弄的？"

秀敏耸起肩膀，一脸不可置信地说道。

"就是你！是你从这儿

经过的时候把牛奶打翻了！"

素恩说得斩钉截铁，就像亲眼看到了一样。

"我什么时候打翻牛奶了？"

"明明就是你！"

"谁看见是我了？"

相较于素恩委屈的表情和语气，秀敏反倒镇定自若，真像什么都没做过。两人争执不下，素恩的气势逐渐弱了下去。

"……真的不是你吗？也有可能是你不小心碰到了，但是没感觉到啊。"

原本笃定的素恩，明显开始动摇。

"我都说了不是我！我就问有谁看到了！"

被质问得说不出话的素恩，缓缓向四周看去，随后将目光停在了一直坐在旁边、很可能目睹完整事发经过的同学身上。

"皮娜妍！她肯定看到了。"

被素恩用目光锁定的人，就是娜妍。白皙匀净的脸庞，与之形成鲜明对比的是一头软塌塌的黑发，还有那看不出一丝情绪的表情。这便是娜妍给我的第一印象。

同学们开始交头接耳。

"姓皮吗？"

"好奇怪的姓氏啊。"

"我怎么好像第一次看到她？你之前知道她吗？"

"嗯，我去年也和她同班，她就是一个很安静的人。我也是因为她的姓氏很特别，所以才记得她。"

"我都不知道班里有这么个人。"

"她本来就不太爱说话。"

短短一会儿，我就听到了许多和她有关的信息。

所有人都在等娜妍回答，可她的表情让人难以捉摸。

"娜妍会怎么回答呢？或者换作是我，在这种情况下，就算真看到朴秀敏打翻牛奶，我会如实说吗？会不会担心得罪朴秀敏？可要是因此说自己没看见，又会对素恩心怀愧疚吧……"

短短的时间里，我的脑海中闪过各种各样的想法。这时，娜妍摇了摇头，以此代替正面回答。

"皮娜妍！你明明就在旁边，不是吗？"

看着歇斯底里的素恩，娜妍从座位上起身，走出了教室。但这似乎也不能说明娜妍向着秀敏，反倒更像是不愿介入别人的矛盾。

在娜妍的表情和眼神里，看不到一丝抱歉和愧疚，准确地说，是没有任何情绪。

这之后，事情的发展越发让人意外。就在争执接近尾声的时候，瑞希突然介入了。不知是什么触发了她的笑点。在场的人中，只有她一个人在笑。

"朴秀敏，是你，是你打翻的，没错。"

明明冲突就要结束了，为什么现在又要站出来说这些？瑞希的内心实在让人捉摸不定。也许是旁观到最后，她觉得不够尽兴吧。

此时，最不知所措的就是朴秀敏。

"嗯？真的吗？我一点儿感觉都没有啊！"

智允不知从哪里冒了出来，也站在瑞希旁边跟着附和。

"我也看到了，是你打翻了素恩的牛奶。"

同样是被指认打翻了牛奶，但当这话从瑞希口中说出时，秀敏的态度与之前相比发生了180度的大转变。

"不好意思哟。"

秀敏轻飘飘地说了几个字就算道了歉。见对方已经道歉，素恩也不好继续发火。

秀敏若无其事地走过去挽起瑞希的手臂。

"太奇怪了，我怎么一点儿感觉都没有……"

瑞希大笑着回答道："哈哈，也太搞笑了吧。牛奶没溅到衣服上吧？"

"嗯，应该没有。我们去图书馆吧。"

"好！"

秀敏和瑞希走出教室后，周围的同学马上过去帮素恩清理洒出来的牛奶，可弄湿的画已无法挽救。尽管收到了道歉，但是作品被毁后素恩的心情仍难以平复。

我莫名对那个明明离纷争最近，却又躲得最远的娜妍产生了兴趣。事实上，在这之前，我甚至不知道班里有这么个人。要是之前听过她的名字，我或许会有印象，毕竟她的姓氏并不常见……新学期开始时做了那么多幼稚的猜名游戏和采访游戏，可我一次都没碰到过她，甚至也没看到过她桌子上的三角名牌。

"她没怎么来过学校吗？"

因为想了解娜妍，我第一次有了和同学说话的冲动。在学校里，即使不刻意去打听，在无意间也会听到各种新鲜事。可事情已经过去一周，和娜妍有关的话题，却一次都没有出现过。

观察娜妍是件很有趣的事，她似乎一整天都不会主动和别人说上一句话。

"皮娜妍，你作业交了吗？"

"……嗯。"

只有别人问她时，她才会勉强挤出几个字简短作答。

上课的时候，她既不做无关的事，也不会表现得很出众以获得表扬，更不会做任何引人关注的事。她就像放在教室角落里的一盆快要枯萎的绿植，毫无存在感，只是默默守着自己的位置。每天大部分的休息时间里，她不是望着窗外，就是两眼放空。

在这片生机勃勃的教室"丛林"里，娜妍就像一株生死不明的仙人掌，又像一片荒芜的沙漠。而且看起来，是她自己主动选择与一切隔绝。

就是这样，这正是我一直以来梦寐以求的状态。

"从今天开始，皮娜妍就是我要效仿的榜样。"

那段时间，每天模仿娜妍让我对校园生活充满了兴致。可没过多久，这片平静的"荒漠"里，竟燃起了一丝小小的火苗。更让人意想不到的是，导火索只是一次关于首都的抢答游戏。

"来，同学们，这是我们的课堂助手平台，以后我们上课、发通知，以及群聊的时候都会用到这个平台。今天我们先来熟悉一下怎么使用它。"

班主任给每个同学发了平板电脑，让大家扫描平台二维码登录。

"所有人都进来了吗？那现在我们来具体操作一下吧。先做个简单的问答游戏热热身，同学们有想做的游戏吗？"

瑞希自信满满地回答道："有，首都抢答游戏！"

"嗯，不错哟！"

"这游戏非做不可吗？"我一边观察老师的神色，一边在心里祈祷时间快点儿过去。娜妍似乎也在忙些什么，但看起来像个没有感情和思想的机器人。看着她，我深感自己找到了志同道合的伙伴。

班主任把课堂助手平台投屏到大屏幕上，输入了"首都抢答游戏"。接下来，只要我们在平板电脑上输入答案，大屏幕上就会依次显示每个人的答案。

"美国的首都是？"

"喂，你看，有人写纽约，哈哈哈。"

同学们看着屏幕上那些离谱的回答，笑得前仰后合。

"太夸张了吧？"

"还有写洛杉矶的，太离谱了，哈哈。"

兴致最高的是瑞希和智允，她们一边笑一边议论着。瑞希接连率先答对了中国、日本、西班牙和英国的首都。紧接着，教室里突然安静了下来。

"加拿大的首都是？"

屏幕上答案提交的速度明显变慢了。秀敏小声问瑞希："瑞希，是哪里？你去过加拿大吧？"

"嗯，去过，应该是温哥华吧？"

瑞希自信地在平板电脑上输入了答案。答题时间结束，老师问道："同学们，加拿大的首都是哪里？"

"温哥华。"

瑞希大声回答道。

"叮！回答错误，是渥太华。"

老师公布正确答案后，教室里议论纷纷，瑞希惊讶又尴尬地说道：

"嗯？真的吗？我之前去过温哥华，城市又大，人又多，我还以为那里是首都呢。加拿大最有名的城市不就是温哥华吗？"

"嗯，确实是，所以混淆的人也很多。"

"是吧。"

说到这里，瑞希笑了，心情似乎平复了一些。

"哇！还以为全军覆没，没想到有同学答对了！"

老师向下滑动页面，找到了那条正确答案。

"……皮娜妍。"

全班同学的视线瞬间集中到了娜妍身上。也许是察觉到所有人的目光都聚焦在自己身上，娜妍隐隐有些不自在，便不着痕迹地将头转向窗外。同学们的注意力很快便从娜妍身上移开了，除了我和瑞希。

瑞希看起来不太高兴，像她那样自尊心强的女生，也许很难容忍这种情况发生。我的视线慢慢定格在盯着娜妍的瑞希身上，是我太敏感了吗？还是我本能地察觉到了这异样的气息？

看着瑞希凝视娜妍的样子，那段被我尘封的过往，开始如潮水般在我脑海里翻涌。

下课了。

虽然其他人都没太在意，但因答错而耿耿于怀的瑞希，还是再次提起了这个话题。

"瑞希，我都没听说过还有个叫温哥华的城市呢。"

秀敏夸张地笑着说道。

兴许是嗅到了某种机会，"鬣狗们"一窝蜂地围了过去。

"是问题太难了。"

智允也在努力迎合。

"答案是什么来着？我到现在都没记住。"

"哎呀，知道那个有什么用！"

所有人一唱一和，费尽心思想要缓和"狮子"的情绪。

"她到底是怎么知道渥太华的呢？"

瑞希抬起头，用眼神示意了一下娜妍的位置。

"估计有首都名囤积癖吧，哈哈。"

"哈哈哈，就是个书呆子！"

"是她不正常，她平时不就很奇怪吗？"

"怎么还有皮这种姓氏啊！"

"知道我为什么讨厌吃虾吗？因为要——剥——皮。"

"哈哈哈。"

"我说的是真的！剥皮很麻烦的！"

"哈哈哈哈。"

突然，"鬣狗们"交头接耳地咕叽起来。虽然没有听清具体内容，但直觉告诉我，肯定没什么好事。

我看了看娜妍，即便听到别人公然拿自己开玩笑，她的表情依然没有一丝波澜。难道只有她一个人听不到？还是说她真的无所谓？

箭和靶

“瑞希，恭喜你！”

智允一进教室，就迫不及待地向瑞希表示祝贺。

“谢谢。”

瑞希看起来很开心。

秀敏不甘示弱，赶忙凑上去问道：“恭喜什么？”

智允略带挖苦地回应：“你对瑞希也太不关心了。瑞希
昨天发朋友圈说她在美术大赛上拿了一等奖。”

因为牛奶事件没能参赛的素恩听到这话后，猛地抬头看向瑞希。秀敏没理会智允的调侃，急忙夸张地为瑞希鼓起掌来。

"哇！真的吗？真心祝贺你！我手机被没收了，都看不到你的动态，好难过。"

秀敏解释了好一会儿手机被没收的原因，整个教室里都是她们嘻嘻哈哈的声音。

"等等……你们有没有闻到一股奇怪的味道？"

瑞希说着，装模作样地用手捂住鼻子。秀敏见状，动作浮夸地使劲闻了闻。

"有吗？我没闻到啊。"

瑞希瞬间拉下脸。智允立刻领会了瑞希的意思，连忙附和道："嗯！我也闻到了。"

秀敏这才反应过来："嗯？真的有，这是什么味儿？"

就凭瑞希的一句话，教室里仿佛真的有了一股奇怪的味道。

所有人的目光都顺着瑞希的视线望去，最终停留在了娜妍的座位上。

最先出头的还是秀敏。她走向娜妍的座位，用力推开窗户，大声说道："天哪，这是什么味道？"

若只看她们的表现，还真以为教室里有什么异味。即便真有异味，也有可能是男同学的汗臭味，或者是教室里常有的其他怪味。

可这压根就闻不到的味道，却瞬间被认定来自娜妍。而此刻，娜妍依旧像往常一样，没有任何反应，也没做任

何辩解，甚至连一丝表情变化都没有。

我心想：没错，她不做任何反应，她们估计很快就会失去兴趣。

我努力在这尴尬的氛围里装作若无其事。毕竟，就算我去干涉，也不会有什么改变。

我很讨厌体育课，因为在体育课上很难一个人静静地待着。虽说有几次我以身体不适为借口，独自坐在角落里，但这终究不是长久之计。

"来，同学们。男生进行跳高考核的时候，女生先玩一会儿躲避球吧。"

体育老师把球朝女生这边扔了过来。

一直以来，在体育课上热衷于组织和协调各种活动的都是智允，这次也不例外。

"我们还是用选组员的方式来决定分组吧？"

秀敏马上回应："好啊！你和我实力最强，咱俩就各组一队，用'石头剪刀布'的方式挑选组员。"

同学们都没有
异议。

"石头剪刀布！"

"瑞希！"

秀敏赢了后，毫不犹
豫地选瑞希进队。另一边
的智允则一脸沮丧。平日
里，秀敏和智允也总是这
样为了瑞希争风吃醋。

"朱贤。"

选组员时，她们不是看对方玩躲避球的实力，而是
全凭关系亲疏。每个被选中的同学都开开心心地跑到了
自己所属的队伍。

就这样，待选的人越来越少，直到剩下最后两人。

这两人便是我和娜妍。从前我或许会因为被留到最
后而胡思乱想，可如今这一切只让我感到厌烦。即便如
此，这最后一轮的选择，还是让我有些紧张。

"石头剪刀布！"

赢的人是秀敏。

"转学生！你，是叫多仁吧？反正就你了。"

选完我以后，秀敏高兴得仿佛已经获得游戏的最终胜利，和瑞希开心地击掌跳跃。相反，智允则毫不掩饰自己的厌恶，生气地将球扔到地上。

我不禁心想，对于眼前发生的一切，其他同学都没有意见吗？还是说，她们敢怒不敢言？

分完组，躲避球游戏开始了。秀敏每次都把球传给瑞希，其他人也像是说好了一样，绝不攻击瑞希。

虽然和瑞希不是一组，智允在攻击时，依旧会给瑞希放水。这场比赛俨然成了她们三个人的游戏，其他人则全是群众演员。瑞希轻松截获球，然后递给秀敏。

"朴秀敏！"

瑞希把秀敏叫到身旁，在她耳边小声说了几句。秀敏点头回应，嘴角上扬，露出一丝冷笑。也是从这时起，娜妍成了秀敏唯一的攻击目标。之后，其他同学也跟着开始攻击娜妍。

娜妍丝毫没有躲避的意思。在游戏的每个回合，她都是第一个被淘汰下场。这场游戏里，瑞希拉开了弓，秀敏成了那支射出去的箭，而娜妍，最终成了那被射中的靶子。

最后一个回合开始没多久，球传到了我手里，我也面临着选择。

"我该怎么做？"

遵循"狮子"和"鬣狗"的意愿，去攻击娜妍吗？我可不想毫无主见，成为握在"狮子"手中的那支箭。

可我也不想站在"狮子"的对立面。比起正面表态，我选择把球抛给对方的防守人员。最终，球被防守人员再次传回秀敏手中。紧接着，她快速又用力地把球砸了出去。

目标，自然还是娜妍。

"砰！"

球以惊人的速度飞出去，正中娜妍的脸颊。她重重地摔在地上。秀敏和瑞希跳起来击掌，欢呼雀跃。

我心想：她好像被砸得很严重……不会有事吧？

要是被砸到的是其他人，肯定会有人跑过去关心询问，可此刻娜妍身边却空无一人。我盯着自己脚尖的方向，没错，连我也在犹豫。

　　我安慰自己："别瞎操心了。"

　　不一会儿，娜妍起身，走过去和老师说了些什么，之后便蜷缩着坐在体育馆的另一边。她白皙的脸被球砸得红了一片，可表情依旧没有丝毫变化。

　　这种时候，我该暗自庆幸被针对的人不是自己吗？

　　相比于去年的那段经历，眼前的一切更让我内心沉重，仿佛被球打得最重的人是我。再看看娜妍那装作若无其事的样子，我心里更难受了。

　　我很清楚，对于她的遭遇，是我自己选择了冷眼旁观。我现在感受到的压抑，都是我咎由

自取。我只能不停地为自己找借口：要想不再卷入任何事件，不多管闲事是最好的选择。

英语课是我第二讨厌的课程。如果课堂上只是跟着大声朗读课文还好，可老师为了调动同学们的积极性，增加课堂参与度，总会安排各种课堂游戏，让我没法不参与互动。每当要在教室里走动并和同学交流的时候，我都会时刻留意老师的目光，见机行事，并在心里祈祷时间快点儿过去。

几天后的英语课上，老师开口了。

"同学们，现在拿着各自的椅子围成一个大圈。"

围成圈坐好后，我的内心开始忐忑不安。

"接下来，我们用今天新学的英语词组，来玩一个沙拉游戏。"

"哇！"

大多数同学都非常高兴。

"坐在椅子上的同学们，请用今天新学的内容，向站在中间的同学提问，当中间的同学用卡片做出回答后，拿着相同卡片的所有同学请起身交换座位；如果中间的同学喊出了'水果沙拉'，所有同学都需要交换座位。"

也就是说，如果中间同学的回答和自己卡片上的内容一样，就要以最快的速度起身，找到离自己最近的座位坐下。为了避免站在中间，我竭尽全力参与，因为我不想在中间感受所有人的目光，接受所有人的提问，这会让我压力很大。

随着游戏反复进行，起初轻松愉悦的氛围逐渐变得怪异。

"唉……我直接去中间站着好了。"

瑞希主动选择走向中间，紧接着下一轮游戏，换成秀敏站在中间。

秀敏快要坐到椅子上的时候，智允提醒她："嗯……你确定要坐在那里吗？"

"啊！我忘了！"

玩游戏时，瑞希、智允、秀敏互相挤来挤去，但却始终对一个座位避之不及。她们表示，与其坐在那个座位，不如站在中间。就这样，其他人也渐渐开始忌讳那个座位。

那个座位就是娜妍的座位。这些小动作以恰好不会被老师发现的程度悄然发生着。

这样做很幼稚，也很残忍……

我不自觉地看向娜妍，好奇她会是什么表情。也是在这一刻，我第一次和她有了眼神交流。周围仿佛安静了下来，在不到一秒的对视里，我感觉时间都变慢了。

她的眼神依旧空洞。我的心里堵得难受，就像几天前的体育课上那样。

我很想问她："你还好吗？"

紧接着，我又一次站在了选择的十字路口。中间的同学的回答和我卡片上的内容一样，到了我换座位的时候了。

我缓缓起身，虽然空位还有很多，可我眼里却只有那一个。我大步走过去，坐在了那个座位上——那是娜妍的椅子。

被嘲笑的姓氏

"她在搞什么?"

所有人都用疑惑的目光看着我,我察觉到自己的手指在微微颤抖,甚至能听到自己的心跳声。尽管我努力装作若无其事,但实际上,我全身都处于紧绷状态,尤其是当我感觉到瑞希正注视着我,她的目光中裹挟着敌意。

我无数次下定决心,要做一个没有存在感的人。

我很清楚,与瑞希作对对我没有任何好处。从坐到娜妍座位上的那一刻起，这些现实的想法就如潮水一般将我淹没。

我不禁自问，我到底为什么要这样做？

我并非想站出来做什么了不起的事，只是不想像其他人一样刻意避开娜妍的座位。或许我是想告诉娜妍，至少有一个人可以坐在那个座位上，这没什么大不了的。

又到了换座位的时候。我起身走向别的座位后，下一个坐在娜妍座位上的，正是她自己。

直到游戏结束，她都未曾离开自己的座位，仿佛在告诉我，没必要特意坐到她的座位上。

那天的沙拉游戏结束后，这种令人不舒服的事情仍在不断发生。

"皮娜妍，橡皮借我用一下。"

明明娜妍只是安静地坐在远处，秀敏却非要过去找她借东西。每次，娜妍都会默默地把自己的橡皮、胶棒、涂改带借给秀敏，可秀敏要么不及时归还，要么弄坏了才还。

"抱歉，这怎么用着用着就折了？"

任谁都能看出秀敏是故意的，可她还嬉皮笑脸，毫无诚意地说着道歉的话。每当秀敏以这种方式和娜妍搭话，瑞希和智允就会在一旁哈哈大笑。

"哈哈！笑得我眼泪都要出来了，真逗。"

"朴秀敏，你是不是太过分了啊。哈哈哈！"

在这片"丛林"里，没有一个人想站出来与"狮子"和"鬣狗们"对抗，所有人都屏住呼吸，不想引人注意，并祈祷她们不要向自己借任何东西。虽然我也没有站出来，但我始终关注着这一切。

午休时间，所有人都在讨论上节语文课上老师布置的作业。我们要按小组定好主题，并在下节课前完成课堂演讲内容。

秀敏和智允在语文课上使用过的课堂助手平台上翻阅资料，两人的对话声越来越大。智允把平板电脑递到瑞希眼前说："瑞希，你看这个。"

瑞希问道："这是什么？"

"我们小组决定讲述与姓氏相关的内容。"

秀敏也跟着问："然后呢？"

智允兴致勃勃地讲解起来："这里说朝鲜王朝的王都是李氏，所以说瑞希你的身上也流着王族的血液。"

瑞希回答："你才知道朝鲜王朝的王都是李氏吗？尹氏和朴氏说不定也都是贵族呢。"

秀敏惊呼自己怎么一直都不知道。其实到这里，都还只是小学生之间很平常的对话。

"那……皮氏呢？"

瑞希的提问，让我瞬间竖起了耳朵。

"姓皮的出过什么名人吗？"

"我好像没听说过。"

智允查着查着，突然瞪大眼睛说："据说'皮'是奴隶的姓氏。"

秀敏用手捂着嘴巴："噗……奴隶？我的天哪，哈哈哈。"

瑞希也忍不住跟着笑起来，声音大得仿佛希望所有人都听到。

"奴隶的姓氏？"智允和秀敏看似在说悄悄话，但声音却刚好能被其他人听到。

"怪不得呢，哈哈。长得就不像贵族，怎么说呢，土里土气？"

"没错，一脸穷相。"

被迫听到这些对话的同学们，都露出了惊慌的表情，大家不约而同地看向皮娜妍，随即又赶紧装作很忙的样子，或是赶紧开启新的话题。

我心想，这……这有些过分了吧。我无数次下定决心，不到万不得已，都要忍着不去出头。可我越是这样，就越是仿佛从娜妍脸上看到了自己去年的样子。听到这样的对话却选择沉默，这样的自己让我感到羞愧。

我能否斩断这幼稚而又残忍的枷锁呢？也许现在站出来，将来我会后悔。但如果什么都不说，任由事情这样过去，我只会更加后悔。

"不是的。"在所有人都沉默不语的时候，我突如其来的发言瞬间引起了全班同学的注意。

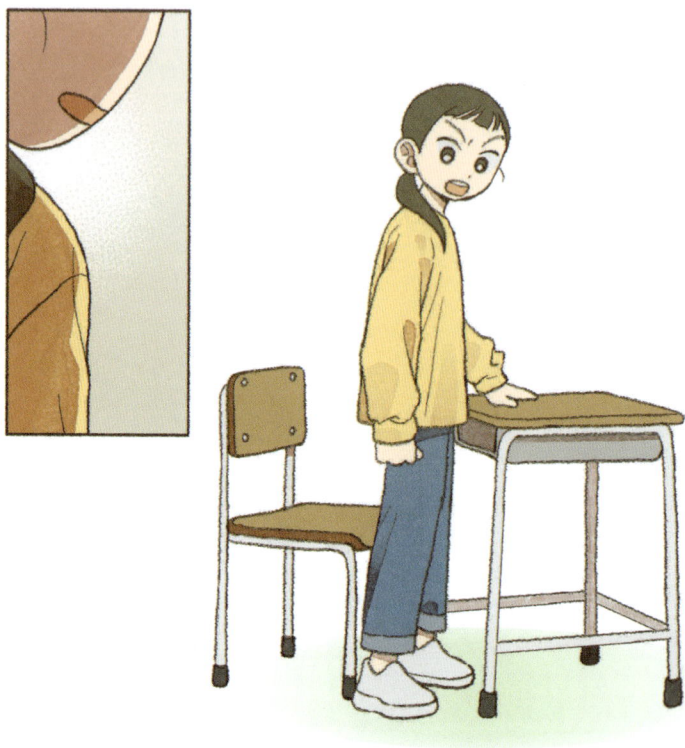

智允立刻看了我一眼，问道："你说什么？"

我挺直腰板，努力让自己保持镇静："'皮'不是奴隶的姓氏，奴隶压根儿就没有姓氏吧？我们在社会课上学过。"

秀敏冷笑道："说什么呢？"

这一次，瑞希和智允也没沉住气："谢谢你的提醒……不过，我们有和你说话吗？"

"真是无语。"

一瞬间，气氛变得糟糕透顶，直到老师走进教室，这冰冷的气氛才逐渐缓和。

"同学们，准备上课了。"

上课后，同学们从书桌里拿出教材，端正地坐在座位上。直到这一刻，瑞希、秀敏和智允仍然在瞪我。一直以来，我都尽量不去多管闲事，虽然眼下我也担心以后的处境，可至少心情没那么郁闷了。

我心想，娜妍还好吗？

上课后，我偷偷看了一眼娜妍，她低着头呆坐在那里，相比之前，看起来有些忧郁。

放学了，我慢悠悠地朝校门口走去。看到皮娜妍呆呆地站在前面，我停下了脚步。难道是在等我？她的表情依旧和之前一样，让人捉摸不定。

"我有话对你说。"

这是娜妍第一次跟我说话。听到她的声音，我既感到陌生又觉得神奇。我跟着她的脚步，走过一个拐角，在一个人少的路口停了下来。她想对我说什么呢？虽然我帮她并不是为了让她感激我，但此刻我内心确实有些期待。看着一言不发的娜妍，我率先打破沉默："什么事？"

　　娜妍只是呆呆地看着我的脚尖。过了许久，她才正视我的眼睛，小声对我说："别再管了。"她的眼神很冷漠，这也是我第一次看到她有这种表情。她并不是要感谢我帮她、

替她说话，也不是想跟我说以后好好相处。现在看来，一切都是我的错觉。

　　见娜妍转身要走，我冷不丁地问了一句："你还好吗？"

　　"与你无关，不是吗？别再管了。"可没走几步，她又停下来说："我能怎么办？"

　　我不知该如何回答。

确实如此，看着慢慢走远的娜妍，我只觉得心里空落落的。我只不过是想帮助娜妍，可现在看来，似乎什么忙也没帮上。这一刻，我的大脑十分混乱。

　　是不是一开始就不该出这个头？让我不要多管，这是她的真心话吗？回想起去年，当时的我并不是这样想的。那时的我感觉很孤独，我希望有人可以站在我这边，哪怕只有一个人。而那些连与我对视都避之不及、对我的遭遇无动于衷的人，只让我觉得狡猾、可怕，甚至心生怨恨。我心里期盼有人可以相信我，愿意听我解释，哪怕只有一个人。

　　娜妍冷漠的眼神让我无法释怀。到底怎么做才是真的为娜妍好？

　　不知不觉天已经黑了，我在路上走着，远远看到对面便利店窗前的桌子上，有两个女生在吃泡面。也许因为是认识的人，我一眼就注意到了她们。

　　是瑞希，可看到坐在她旁边的那个人，我震惊得呆在原地，动弹不得。瑞希旁边的人是李朗。她为什么会和瑞希在一起？她们俩是怎么认识的？我感觉眼前被黑暗笼罩。

她们似乎也发现了我，一边说着话，一边朝我这边看过来。

如果李朗把我在之前的学校发生的事情告诉瑞希怎么办？想到这里，我的心猛地一沉。好不容易才重新开始，如果去年的事情再次上演，我该怎么办？我内心十分恐惧，眼泪不自觉地流了出来。

短暂的慌乱后，我收拾好心情，重新踏上了回家的路。我只想快点儿离开这里。

教室里的孤岛

"好不容易才逃出来……"

因为不安，我久久未能入睡，我再也不想回到那个时候了。

李朗曾是我最好的朋友，我们每天形影不离，一起上学，一起放学。我们俩的聊天室备注是"多仁和朗"。我们好到可以分享所有的秘密。也许，这也是问题所在。

我点开曾经的聊天室，李朗的名字已经变成"未知联系人"。直到现在，我也没有删除这个聊天室，至于为什么，我也说不清楚。一开始，我是想把聊天记录作为证明自己清白的证据，后来每当我想要删除时，看到过去两人的对话和照片，始终狠不下心。

（未知联系人）

> 我把你当成最好的朋友，所以才会告诉你我喜欢的男生是谁。

> 与其幼稚地在中间搞小动作，扔掉我送给他的信和礼物，为什么不能诚实地告诉我？

> 我一开始告诉你的时候，你为什么什么也不说？告诉我你也对他有好感不就好了吗？我已经受够你的谎话了。

> 从一开始，我就不应该和你这样的人做朋友。

无论过去多久，李朗的这些话仍像针一样，刺在我心里。我至今还记得她当时告诉我自己喜欢谁时那腼腆的模样。

"这是我的秘密。我只告诉你一个人，一定要替我保密哟……我喜欢刘书俊。"

我吓了一跳，因为其实我也从很久以前就对刘书俊有好感。可我没办法告诉李朗，因为相比于喜欢的男孩子，和李朗的友情对我来说更重要。

我决定收回对书俊的心意，所以当李朗拜托我把信和礼物放到书俊的储物柜里时，我二话没说就照做了。我也是真心希望李朗可以和书俊成为朋友。

"金多仁，怎么回事？！书俊说没看到信和礼物。"
"是吗？好奇怪，我明明放到他的储物柜里了……"

直到现在，我也没搞清楚，那封信和礼物到底是怎么消失的。我始终忘不掉李朗那冷漠的表情。

"金多仁，这是什么？"

李朗指着我以前的一幅涂鸦作品，上面有书俊的名字，还有我画的爱心。我向李朗解释这只是过去的事情，可她根本听不进去，铁了心认定自己的想法，还把它拍下来，发给了其他同学。

我抓住李朗的手臂想要和她解释，她在挣脱时不小心摔倒在地。

"啊！"

从此，我便被贴上了施暴者的标签。

没有任何人愿意相信我。一瞬间，我就成了一个因为男孩子不惜背叛自己最好的朋友，甚至使用暴力的人。

一起唱歌、拍照、品尝美食，一起嬉笑畅谈的那些日子，如同走马灯一样在我脑海里闪过。等我回过神来，泪水早已打湿了我的脸颊。虽然被冤枉成施暴者让我很委屈，但更让我难过的，是最好的朋友不愿意相信我。所以，从那以后，我便决定不再交朋友。

　　我能猜到李朗会对瑞希说些什么。现在，我的秘密已经被"狮子"掌握了。

　　第二天，我忐忑地走进教室，班里的氛围貌似和往常一样。我刻意低着头，以免和"狮子"对视。万幸，"狮子"似乎还没有把我的秘密告诉其他人。难道她只是想把我的秘密当作把柄握在手里？

放学以后，我故意慢吞吞地整理书包，在瑞希、智允和秀敏都走了以后，我又等了好久才起身离开。本以为走廊里已经空无一人，却看见娜妍呆呆地站在那里。她一动不动地看着鞋架上的鞋子，却没有要穿的意思。发生什么事了？

我走近一看，才发现娜妍的鞋子里竟被灌满了污水，污水源源不断地从鞋子边缘溢出。我下意识地去确认自己的鞋子，还好没什么问题。这一瞬间，我感到十分庆幸，却又讨厌这样的自己。我该怎么办？虽然我为娜妍的遭遇感到难过，但一想到现在瑞希可能在某个角落观察我的一举一动，我就不自觉地紧张。而且娜妍自己不是也说过让我不要管吗？

我决定就当作什么也没看到，赶忙穿好鞋子，从她身后匆匆离开。皮娜妍应该也发现我态度转变了吧。在走廊里，我一边走，一边不停地安慰自己："这一切并不是我的错。"

之后的几天里，我彻底被不安的情绪包围了。因为担心瑞希会把我的秘密说出去，我总是不自觉地观察她的脸色……

放学了，我还是和前几天一样磨蹭到最后。走出教室后，我听到卫生间传出奇怪的声音。

"呜呜呜……"

有人在哭泣——不是放声大哭，而是极力压着嗓音闷声哽咽。那声音断断续续的，听起来十分伤心。会是谁呢？

我跟随声音走进了卫生间，声音是从最后一扇门里传出来的。我站在门口，在推与不推之间斗争了很久。但最终，我还是无法置之不理，只因门后那人哭泣的场景，和梦里的自己是那么像。

我小心翼翼地推开门，看到娜妍抱着膝盖坐在地上，鞋子里又被灌满了污水。她抬起头，茫然地看着我。不知道她哭了多久，脸庞已经被泪水浸湿，头发也湿淋淋地贴在脸上。

看着她的样子，我竟忍不住跟着流下了眼泪。我被自己的反应吓了一跳，马上背过身去。

"帮帮我……"

什么？是我听错了吗？我回头看向娜妍。

"多仁，帮帮我。"

一直以来，没有表现出一丝动摇的娜妍，在这一刻彻底卸下了伪装；又或者说，她能够坚持到现在已经很了不起了。娜妍放开嗓音，痛快地哭了很久。我轻轻蹲在娜妍身旁，想着也许多哭一会儿，她心里的委屈就能消散一些，便静静地在一旁陪着她。

不知过了多久，我把娜妍鞋子里的污水倒掉，用清水洗了洗。尽管表面的水珠被我甩掉了，但鞋子还是穿不了。我把自己的鞋子也放进洗手池，然后对娜妍说："我们穿室内鞋走吧。看，我的鞋也湿透了。"娜妍浅浅地笑了一下，这是我第一次看到她的笑容。娜妍，原来你也会笑。

我们俩就这么穿着室内鞋，并肩走出了校园，手里还提着湿漉漉的运动鞋。走到一半，我问娜妍："你知道是谁把你的鞋弄湿的吗？"

"不知道。"

虽然大致能猜到是谁，但没有证据。竟然能做出这种事情，我对她们已经不再抱有任何幻想。我知道，如果我站在娜妍身边，瑞希就会把我去年的那些事情讲出来。但是，今天和娜妍两个人一起流泪痛哭过后，我心底悄然滋生出无畏的勇气。我只想一直看到娜妍的笑容。

我仔细回想了一下这段时间发生的事情——几月几号、发生了什么事情、目击者都有谁，然后将这些一一记在纸上，又把娜妍被灌满污水的鞋子拍照洗了出来。我把这些全部整理好装到一个文件袋里。趁没人的时候，我把文件袋偷偷放进了老师的抽屉。因为如果只是坐以待毙，现状不会有任何改变。

第二天，老师给每个同学发了一张纸。

"如果我们周围发生了不好的事情，老师希望同学们可以如实地写在纸上，老师希望我们的班级永远保持和谐。"

发到同学们手里的，是一张校园欺凌问卷。

1. 你是否在学校遭受或者看到过校园欺凌？（是 / 否）
2. 如果有，请写下详细经过（人物、时间、事件、起因、具体行为）。

每个同学在写完名字以后，都不约而同地停下笔，开始观察周围的情况。在教室里，彼此做什么都能看得一清二楚。如果忙着写些什么，必然会受到关注。我只在第一个问题"是"的选项上画了个圈，便提交了问卷。

也许是看到了我提交的问卷，老师对我说："多仁，你一会儿可以帮老师跑个腿吗？"

心思缜密的同学估计一下就能猜到老师说的跑腿是什么意思。

办公室里，我和老师面对面坐着。

"多仁，是你把文件袋放进老师抽屉的，对吗？"

"……是的。"

"所以，瑞希、秀敏和智允三个人，一直都在欺负娜妍？"

"对。"

"我知道，你一定考虑了很久才做出这个决定。老师感谢你说出实情，之后老师会和娜妍沟通，也会和其他同学一一确认。"

我点了点头，安静地离开了办公室。

几天后，老师把我和娜妍一起叫到了办公室，小心翼翼地问我和娜妍："多仁、娜妍，你们跟老师说的是事实吗？"

"是事实，老师。"

老师的表情十分为难。

"但是多仁，你整理给老师的那些目击者，全都表示没有发生过那样的事情。"

我的大脑一片空白。

"所有人，全都……说没有？"

"是，所有人。"

真让人心寒，大家竟然都默契地选择了闭嘴。怎么可以为了明哲保身，全都否认呢？

我继续追问："那瑞希她们呢？她们怎么说？"

"她们觉得是你误会了。"

因为"鬣狗们"的忠诚，"狮子"得以安然无恙，可"黑斑羚们"的沉默，更让人愤慨和怨恨。在自然界，当一些小型哺乳动物中有一只被锁定为猎物，其余成员就会趁机逃跑。眼下的情况，不禁让我想起《动物世界》里将伙伴作为牺牲品的场景。

如果团结一致和"狮子"抗争，牺牲者可能更多，所以相比之下，不如只牺牲那一个来得"实在"。这种权衡取舍的方式，在教室里也存在吗？

到最后，鞋子里被灌满污水变成了某个同学开的一个无辜的玩笑，而我记下时间和目击者的那些事件，也不过是我个人的误会，没有任何人看到。

就这样，我和娜妍成了这片"丛林"里一座被隔绝的孤岛。

落入陷阱的猎物

熟悉的眼神，熟悉的议论声。

"看，她来了。"

"是她吗？她怎么能做出那样的事？"

"就是，居然因为一个男生，背叛自己最好的朋友！"

"听说是被强制转学的。"

"强制转学？因为什么？"

"听说是动手打了最好的朋友。"

从走进教室的那一刻起，我就意识到大家在议论我。可事实并非如他们所说，我没有背叛李朗，也没有被强制转学。这些不过是被夸大的虚假传闻，都是谣言。有人甚至直截了当地问我，传闻究竟是不是真的。

"金多仁，你真的是因为校园暴力被强制转学的吗？"

要是从前，我或许会选择无视或者沉默，但现在，我不想再受谣言左右。我尽量用最平静的语气，给出了回答。

"我没有故意推她，也没有被强制转学。"

"这么看来，至少施暴这部分是真的。"

尽管我说了也没人相信，但至少我说出了实情。

又有人问："那关于那个男生的事呢？"

"没有那回事。"

接着，瑞希来到我的座位旁，"哇，真没看出来，你这么能说会道，之前一直装深沉，装老实，是怎么忍住的？"

我没有理会她，可她却不停地打破沉默。

"是你吧？"

即便她没有明说，我也知道她问的是什么。见我始终不回答，她凑到我耳边，小声说道："其实我也不想这样，这都是你自找的。"

我感觉全身的汗毛都竖了起来。

就这样，我成了一个靶子，不知不觉间落入陷阱，成了任人宰割的猎物。

"鬣狗们"不知疲倦地向靶子射箭，有时还驱使"黑斑羚们"，有时"狮子"会亲自上阵。"黑斑羚们"还是一如既往，为了保全自己，在中间察言观色，保持沉默。

但至少，我不再像去年那样，一个人孤军奋战。现在，我的身边有娜妍。

一次，课间休息时，平日里少言寡语、安静内向的希珉被秀敏叫住，交谈了许久。没过一会儿，希珉便神色不自然地朝我走来。

"金多仁，班主任让你和娜妍去一趟办公室。"

"嗯，知道了。"

虽然感觉有些蹊跷，但我和娜妍还是去了。

"咚咚咚。"

推开办公室的门，我们先向所有老师问好。

"老师们好。"

说完我们径直走到班主任面前。老师惊讶得瞪大了眼睛，一脸疑惑。

"你们有什么事？还没开始上课吗？"

"有人说，您叫我们过来。"

"我？没有啊！谁说的？"

看着老师摇头否认的样子，再想起希珉奇怪的表情，我瞬间明白了。

"没……没什么，可能是我们听错了。"

我和娜妍急忙回到教室，却发现教室里空无一人。

过了一会儿，回到教室的班主任，看到我们还在教室，一脸震惊。

"你们不去上课，还在教室里干什么？"

我俩支支吾吾，不知道是怎么回事，只是一脸茫然地看着班主任。

　　"今天的英语课改在英语活动室上了……你们俩不知道吗？快去吧。"

　　"好。"

　　我赶忙拿起英语书，和娜妍飞奔到活动室。快到后门时，就听到里面传来上课的声音。由于不想打扰同学们上课，我便轻手轻脚地推开门。

　　见我和娜妍进来，英语老师讲到一半停了下来。

　　"你们为什么才来上课？"

　　"老师，对不起。"

　　智允和秀敏大声说道："上课迟到可不行啊。"

　　伴随着这句话，教室里响起了一阵窃笑声，我不明白这有什么好笑的。

　　"是啊，下次要抓紧时间。"

　　老师嘱咐完我们，继续讲课。

　　我心想：是故意不告诉我们换教室上课的事情吧？

只是，骗我们去找班主任的人是希珉，想必她也很为难。

瑞希就用这样的方式，向我们拉开了弓，而没有告诉我们换教室的希珉，成了她射出去的箭。

类似的欺凌行径不断上演。或许是见我们始终不正面回应，她们不停地变换着方式向我们挑衅。

一天，我正安静地坐在教室里发呆，秀敏一脸幸灾乐祸地叫我出去。

"金多仁，到走廊来一下，隔壁班的泰民找你。"

我心想：我倒要看看，这次你们又在耍什么花招。

虽然不知道是什么事，但我告诉自己，不能坐以待毙。

隔壁班的金泰民正站在走廊里等我。我一出去，两个班的同学就都凑到了窗前。泰民是六年级的校草，我们班有很多女生喜欢他。正因如此，此刻的我备受关注，大家都想知道到底发生了什么。

"你就是金多仁？"

"嗯，我是，怎么了？"

泰民尴尬地用手摸了摸后脑勺，随后用另一只手递给我一封信。

"还给你。"

"还我？"

我不明所以地打开他递过来的信，同时泰民继续说道："你送错人了吧。"

这是一封写给泰民的表白信，虽然不是我写的，但落款处却赫然写着我的名字。

"这不是我写的。"

"嗯？这里不是写着你的名字吗？"

"是写着我的名字，但真的不是我写的。"

"什么意思？你的意思是有人在恶作剧？"

"虽然不知道是谁写的，反正不是我。"

听到我的话，泰民露出了不解的表情。

"那好吧，我知道了。"

说完，他便转身离开了。而我，也在所有人的议论声中，回到了教室。

"什么？她还想和泰民做朋友？"

"早听说她为了男生背叛了自己最好的朋友。"

"她哪来的自信啊？"

"我看她是因为被拒绝了，才不承认是自己写的，脸皮可真厚。"

那些喜欢泰民的女生，你一言我一语地对我发起攻击。虽然我能猜到是谁在搞鬼，但没有证据，我也不能贸然行动。

这时，智允和秀敏朝我走了过来。

"你可真搞笑。"

"可不是嘛，平时装得挺老实，看不出来你还敢打泰民的主意。"

听到她俩的话，其他同学都凑了过来。

"我说了，不是我写的，我也不喜欢金泰民。"

"别撒谎了。"

我翻开作业本，把表白信摊在旁边。

"你们自己对比看看，我的字迹是这样吗？虽然不知道是谁，但既然想冒用我的名义，至少字迹得模仿得像一些吧。

信上的字迹

明显和我的不一

样。在众人的注视

下，我清清楚楚地指出了

这一点。说实话，去解释和

回应这样的事情，本身就很荒唐。

围观的同学们开始小声议论。

"嗯，字迹确实不一样。"

听到这些，秀敏还是不甘心。

"说不定，是你有意改变了字迹。"

我已经不想再去证明什么了，毕竟对那些不想相信我

的人说什么都没用。

我穿过周围的人，走到娜妍旁边。

"娜妍，我们去图书馆吧。"

"好。"

去图书馆的路上，娜妍轻声问我："你还好吗？"

在听到这句话之前，我其实没什么感觉。可这一刻，我突然觉得鼻子酸酸的。这样一句安慰，我等了多久才听到啊。曾经，我一直殷切地期盼有人能问我一句"你还好吗？"，哪怕只有一个人。

如今真的听到了这句话，我的内心感慨万千。

"对不起……都是因为我……"

"怎么会是因为你呢！而且我真的没事。"

我若无其事地朝娜妍笑了笑，不想让她为此感到愧疚。

"多仁，我相信那不是你写的。"

我感受到了她话里的真心。这一刻，我真的释怀了，因为有一位朋友真心地相信我、担心我。我也想成为像她一样守护朋友的人。

"别担心，我现在反而觉得豁然开朗、神清气爽。而且，我一点儿也不在意别人怎么说，左耳进右耳出就是了。"

听了我的话，娜妍"扑哧"一声笑了出来。看到她的笑容，我也开心起来。

不管我如何下定决心，只要靶子还没被摘掉，"鬣狗们"

就不会停止射击。而我，也不会只是默默承受。

我不会再像从前那样，因为别人的一句话就轻易被打倒。像"表白信事件"那样，只要证据确凿，我就要据理力争。事实上，当我堂堂正正地对比字迹为自己争辩时，我感受到了从未有过的喜悦。只要足够坦荡，我就要理直气壮地说出来。至于别人的闲话，我已经不怎么在意了。

上课期间，我身后不时传来交头接耳的议论声，还有"咻咻"的偷笑声，这让我很不舒服。当回过头想看看是怎么回事时，我就会感受到其他人投来的异样目光。虽然觉得莫名其妙，但我还是努力不去在意，想把注意力集中在课堂上。

下课了，娜妍走了过来。

"怎么了？"

"没什么，就是沾到点儿东西。"

娜妍从我背上揭下了什么，然后走到瑞希面前。看来是有人往我后背上贴了纸条。本来我想着扔掉就算了，可娜妍今天的反应却和平常截然不同。

她把贴在我后背上的纸条递到瑞希面前，说："别做这样的事。"

我清楚地看到上面写着"强制转学"四个字。

瑞希瞪着眼睛回应道："不是我贴的。"

"我看到了，是你写完递给别人的。"

"那应该是你看错了。你有证据吗？"

"我说了，我看到了……"

"是你看错了。"

娜妍和瑞希两个人争执不下，持续了好一会儿。但自始至终，娜妍都没有丝毫退让，这让瑞希有些慌张。也许是为了扭转局势，瑞希突然向坐在我身后的素恩发难，推着她的肩膀质问她。

"是我写了递给你的吗？"

素恩面露难色，默不作声。

"为什么不说话？想让别人误会吗？我问你，是不是我递给你的？"

看着紧张到发抖的素恩，娜妍轻轻握住了她的双手。

"素恩，实话实说就可以。"

从前的娜妍像沙漠一样死寂、像岩石一样缄默，而这一刻，她的声音却如此沉着坚定。也许正是这一点触动了素恩，她缓缓地点了点头。

"对不起，是我贴的……"

秀敏马上抓住时机说道："看来是素恩贴的啊。干吗找瑞希的麻烦？"

说罢，秀敏推开娜妍，带着瑞希离开了教室。

这是第一次，第一次有"黑斑羚"违背了"狮子"和"鬣狗"的意愿……在瑞希、秀敏和智允三个人离开教室以后，其他同学都围了过来。

娜妍对素恩表示了感谢。

"素恩，谢谢你愿意说出实情。"

"哪里的话，是我该跟多仁说声抱歉。"

素恩的声音带着哽咽，回想起她刚刚紧张害怕的表情，我对她没有埋怨，只有怜惜。这一刻，我切实感觉到，我从那座被隔离的孤岛上逃出来了。

我坚定地对素恩说："没关系，我不在意这些。"

漫长的一天过去了，娜妍站在放鞋的储物柜前等着我，就好像在守护我的运动鞋一样。

"娜妍，谢谢你，你今天真的很帅气。"

"哪有，这不算什么。"

"怎么不算，尽管她们来势汹汹，可你却始终保持冷静，你坚定的样子真的很酷，你比她们都勇敢。"

的确如此。"狮子"和"鬣狗"为了维护威严，拱起脊背，不断嘶吼着，可不管她们的言语和眼神多么有攻击性，娜妍表现出的冷静仍更胜一筹。

"不过估计她们以后会更加过分。其实我也有点儿担心，不知道今天这样做到底对不对。"

"如果她们以后欺负你，我决不善罢甘休！"

听了我的话，娜妍"扑哧"一声笑了出来。

"很可靠嘛。"

"别小看我，我可是跆拳道黑带。"

"哇！那你给我展示一下踢腿。"

我边开玩笑边给娜妍示范了一下动作。

"哇！酷毙了！再来一下！"

"你还会说'酷毙了'这种话啊。"

"那当然。"

这一刻，我和娜妍放下了所有的担忧，将这段时间失去的笑容，全部找了回来。

暴力会滋生新的暴力

第二天，我走进教室，发现班里的气氛格外反常。有个人正趴在桌子上哭泣，她的脸深埋在胳膊里，肩膀随着哭声微微起伏。我仔细一看，哭泣的人竟是秀敏。

教室里的空气仿佛都冻结了，冷得如同冰窖。大家面面相觑，一副全然不知发生了什么的样子。秀敏哭了很久，临近上课的时候，她突然跑出了教室。看到这一幕，瑞希和智允只是冷冷地笑了一声。

显然，这三个人之间肯定发生了什么事。如今，瑞希完全和智允站在一起。两人互相整理细碎的头发，旁若无人，仿佛整个世界只剩下她们。

这时，老师走进了教室。

智允立刻发问："老师，朴秀敏呢？"

"秀敏在办公室。"

从智允的语气和表情里，丝毫感受不到她对秀敏的关心。说实在的，在场的人没有一个真正在意秀敏，毕竟以往欺负同学的时候，秀敏总是冲在最前面。可讽刺的是，当所有人都抛弃她时，她曾经死心塌地追随的"狮子"，竟是最绝情的那个。

从瑞希和智允毫不避讳的对话中，不难猜出发生了什么。

"我早就料到她会那样，在我面前假惺惺的，结果背地里说我坏话。"

"她总在我这里说你的坏话。我都听烦了，让她别说她还不听，你看到我给你发的截图了吧？"

同样是惧怕"狮子"的"鬣狗"，这次秀敏却被更狡猾的

"鬣狗"算计了。这种时候，她是不是该怪自己没能识破这陷阱呢？

课间，秀敏回到了教室。也不知哭了多久，她的眼睛红肿得厉害。瑞希走到秀敏身旁，说道："这都是你自找的。"

这话她曾对我说过，如今被原封不动地抛给了秀敏。

"瑞希，对不起。"

秀敏的泪水和歉意，丝毫没能让瑞希动容。比起其他人，瑞希和智允显得更为冷漠。

我不禁心想：就在昨天，她们还如影随形。那些一起嬉笑打闹的日子，又算什么呢？秀敏又何必哭得这么凄惨，如此低声下气呢？

此后，不管是去实验室还是去吃饭，秀敏总是独自一人。因为大家都怕得罪瑞希，所以没人愿意和秀敏同行。过去她肆意欺负同学，如今她的所作所为都化作回旋镖，反过来伤了她自己。

就这样，秀敏成了新的"靶子"。我和娜妍不再被"狮子"关注。渐渐地，其他同学开始主动和我们搭话。英语课上，有人愿意和我们组成小组做活动；玩躲避球的时候，也有人给我们传球了。

可把其他受害者当作自己躲避欺凌的盾牌，真的能安心吗？下一次，谁又会成为那支"箭"，谁又会沦为新的"靶子"呢？

这样的日子，秀敏没能撑多久。

几天后的一个中午，我们吃完饭回教室时，秀敏叫住了走在前面的瑞希和智允。

"李瑞希！尹智允！"

二人挽着胳膊，同时转过身。

"在背后说坏话的可不止我一个，我也有截图。尹智允，你也跟我说过瑞希的坏话。还有，瑞希，你也跟我讲过智允的不是，不是吗？"

智允慌张地叫嚷道："我没有！瑞希，她在撒谎。"

瑞希看都没看智允一眼，只是冷冷地对秀敏说："胡说什么呢？别再乱说了。"

见此情形，秀敏立刻掏出手机喊道："我有证据。"

"别挑拨离间了。"智允猛地一巴掌拍向秀敏的手机，手机"啪"的一声摔在了地上。

不知为何，这一刻，我格外留意瑞希的表情。她只是冷眼旁观这一切，然后冷笑了一声。那笑声，让我脊背发凉。

紧接着，伴随着充满恶意的叫骂声，秀敏一把揪住智允的头发，两人瞬间扭打在一起。随后，秀敏重心不稳，失足滚下了楼梯。

"啊！"

所有人都僵在原地，智允似乎也被眼前的状况吓着了。秀敏放声大哭，同学们纷纷围拢过去，只有瑞希往后退了一步。

没过多久，班主任匆匆赶来。秀敏腿受伤了，已经站不起来。紧接着，鸣着警笛的救护车也赶到了。

班主任陪着秀敏上了救护车，前往医院。隔壁班的老师赶忙上前，关切地安慰智允："智允，你没受伤吧？这到底是怎么回事？"

智允惊魂未定，脸上满是恐惧，说道："是秀敏先动手的，对吧，瑞希？"

智允试图撇清自己的责任，可瑞希听后，犹豫了一下，小声回答："抱歉，说实话我没看到，当时在想别的事。"

"李瑞希……你明明看到了……"

智允失望透顶，声音都在颤抖。我实在不明白瑞希为什么要这么说，我原以为她肯定会站在智允这边……

"不管怎样，你先去医务室看看吧。"说着，隔壁班的老师带着智允离开了。

那天，直到放学，班主任和秀敏都没回教室。虽说这段时间和秀敏有过不少不愉快，但我还是有些担心她。

第二天早上，老师一进教室，同学们就纷纷询问秀敏的情况。

"老师，秀敏呢？"

"她伤得严重吗？"

老师满脸忧虑地给出了答案："嗯，胳膊和腿都受伤了。"

又有同学问："那她不能来学校了吗？"

"嗯，有段时间来不了了。"

和往常不同，智允显得十分消沉。

这时，教室门突然被推开，一个阿姨怒气冲冲地大步走进来，厉声问道："谁是智允？"

阿姨的声音尖锐又充满怒气，老师赶忙上前阻拦："秀敏妈妈，您怎么也不提前说一声就来了？这样直接冲到教室里可不行。"

原来，气势汹汹闯进教室的是秀敏的妈妈。

"老师，请你让开。"

"秀敏妈妈，当着孩子们的面，您别这样。"

老师和秀敏妈妈争执起来。

"没听见我说话吗？我让你让开！"

秀敏妈妈扯着嗓子大喊，同时用力推开老师，老师一个踉跄，摔倒在地。

刹那间，教室里乱成一团。同学们吓得目瞪口呆，呆坐在座位上，有的同学甚至被吓哭了。几个同学赶紧跑过去，把老师扶起来，询问老师有没有受伤。

就在这时，秀敏妈妈一眼瞧见了低着头的智允，她冲过去一把抓住智允的胳膊，质问道："是你吧？"

秀敏妈妈二话不说，拽着智允就往外走。老师还没站稳，就冲过去护住智允："秀敏妈妈，不能这样，请放开智允。"

看到老师把智允拉到身后，秀敏妈妈的嗓门更大了："老师，我拦住秀敏爸爸，没让他来学校，你就偷着乐吧。你到底是怎么管理班级的？竟然会出这种事！真该让学校把你这个班主任撤了。"

"秀敏妈妈，秀敏受伤我也很难过，但在学校里绝对不能这样，请您快点儿离开。"

秀敏妈妈对老师的话置若罔闻，只是不顾一切地冲智允怒吼："你为什么推秀敏？你家里人没教过你，不能随便推同学吗？"

智允害怕极了，哽咽着回答："我没有推她，她是在我们打架时不小心跌下去的。"

老师再次严厉制止："秀敏妈妈，求您别这样了。"

可秀敏妈妈毫无退让之意："老师，你现在马上把她妈妈叫到学校来，我倒要问问，到底是怎么教育孩子的！我绝不让秀敏和这样的人在一个班里上课，必须马上处分她。"

听到班里的骚动，其他班的老师纷纷赶来。最终，秀敏妈妈被其他老师合力拉出了教室。

想起之前看到过老师被学生家长打骂的新闻，当时还没太在意，没想到如今这种事就发生在眼前。如此蛮不讲理的家长，实在让人胆战心惊。智允也吓得不轻，呆呆地愣在原地。

就这样，一场暴力引发了另一场暴力。

偶　遇

那天之后，智允好几天都没来学校。老师说她去参加社会实践活动了，但事实似乎并非如此。

听其他同学讲，秀敏妈妈以校园暴力为由起诉了智允，而智允妈妈也不甘示弱，同样以校园暴力为由起诉了秀敏。事情愈演愈烈，双方家长闹得不可开交。

老师给打架当天在场的同学都发了确认书。在确认书里，我把那天目睹的一切都详细写了下来。说来也怪，她们二人那天的所有对话和冲突经过，我竟然都记得清清楚楚。

"什么是特别教育？"

"应该是面谈咨询之类的吧，听说家长也要一起去。"

在智允和秀敏没来学校快一周的时候，我听到同学们在议论。

"瑞希呢？她怎么没受影响？"

"毕竟打架的是秀敏和智允，瑞希应该和这次的事情没什么关系吧？而且她当时不是还说自己什么都没看到吗？"

因为相互辱骂、动手的只有秀敏和智允两人，瑞希便彻底摆脱了与这次校园暴力事件的干系。

自从她们两人不来学校后，瑞希变得形单影只。本以为很快就会有新的"跟班"出现在她身边，可大家对瑞希的态度却十分反常。

"说实话，当时瑞希明明什么都看见了。"

"瑞希也不是完全没有责任吧？"

"智允和秀敏不在，瑞希没人可以支使了，估计心里很不是滋味吧？"

尽管瑞希表面上装作若无其事，但她肯定比谁都先察觉到，如今班里的氛围与之前相比已大不相同。有时候，她会焦虑地咬指甲，或是眼神空洞地望着四周，一副若有所思的样子。

一周后，智允回到了学校。

"智允，社会实践活动结束了吗？"

"嗯……"

智允和同学们简单聊了几句，便翻开书本，呆呆地看着，所有人都能感觉到，自始至终，智允都没有看过瑞希一眼。

没过一会儿，瑞希主动走了过去。

"智允，你还好吗？"

智允盯着瑞希看了一会儿，冷冷地反问道："你指什么？"

瑞希一下子愣住了。就在她犹豫之际，智允直接起身走出了教室，只留下瑞希呆呆地站在原地。瑞希那副模样，让人觉得既陌生又可怜。

智允离开后，秀敏挂着拐杖走进了教室，同学们立刻一窝蜂地围了上去。

"秀敏，你怎么样了？"

"我们可担心你了，腿是骨折了吗？"

"行动很不方便吧？"

同学们你一言我一语，纷纷向秀敏表达着关心。

"嗯……我没事了，谢谢大家关心我。"

我心里不禁感叹：秀敏也会说谢谢了。

班里的氛围发生了翻天覆地的变化，同学们都积极地想要为秀敏做点儿什么，有人帮她拿书本，还有人围在旁边问她还需要什么帮助。

这时，智允出现在教室门口。一瞬间，教室里安静了下来，所有人都看向门口。看到秀敏后，智允先是愣了一下，随后像是下了很大决心似的，朝秀敏走了过去。

"对不起！"智允率先向秀敏道歉，"我没想到你会伤得这么严重，虽然我不是故意推你的……总之，真的很对不起。"

智允的声音微微颤抖，还带着一丝哽咽。

紧接着，秀敏也向智允道了歉："其实我也有错，我也应该向你道歉。"

虽然两人并没有戏剧性地当场和好如初，但至少对彼此的愤怒和厌恶，似乎已经消散了。

智允面无表情地回到自己的座位上，与此同时，秀敏的脸上也没什么特别的表情。而置身事外的瑞希，只是静静地看着这一切。

放学了，我和娜妍一起朝校门口走去，发现秀敏正站在那里等我们。

"多仁、娜妍，我能和你们说几句话吗？"

"嗯……有

什么事吗？"

"我有些话想对你们说。"

秀敏一直不敢直视我们的眼睛，她沉默了许久，才艰难地开口。

"对不起，我不应该拿娜妍的姓氏开玩笑，往你鞋子里灌污水的也是我。还有，多仁，给泰民的信是我写的。那段时间，是我伤害了你们，真的非常抱歉。"

听完秀敏的话，我和娜妍都没有立刻说话。秀敏继续说道："发生了这次的事情后，我反思了自己之前对你们的所作所为，真的很愚蠢，对吧？以后我不会再被任何人左右了。不管出于什么原因，那些毕竟都是我自己的选择，所以我想真诚地向你们道歉，真的对不起。"

娜妍缓缓说道："谢谢你能这么说。"

"谢什么，这本来就是我应该做的。感谢你能接受我的道歉，我先走了。"

秀敏不太熟练地拄着拐杖，慢慢走远了。

"娜妍，你真的接受她的道歉了吗？"

"虽然我无法假装那些事情没有发生过，但听了她道歉的话，至少心里好受多了。你不也是这样吗？"

这么看来，娜妍真的比我成熟很多。

"是，我也感觉心里舒服多了。"

我们怀着轻松的心情，踏上了回家的路。

第二天，教室里的氛围焕然一新。看到我和娜妍进来，素恩马上走了过来。

"秀敏也向你们道歉了吗？"

"嗯。"

"昨天秀敏也向我道歉了，说之前是她故意打翻了我的牛奶。"

听到我们的对话，其他同学也纷纷表示，自己也收到了秀敏的道歉。大家都察觉到了秀敏的变化，与之前整天和瑞希、智允混在一起的时候相比，现在秀敏的表情自在多了，至少不再像以前那样焦虑不安，需要时刻留意别人的脸色。

"秀敏真的变好了吗？"

秀敏的道歉开了个好头，其他同学也陆续过来向我和娜妍道歉。

"我们之前误会你了，对不起。还有之前老师询问时装作不知道，也很抱歉。"

对我来说，一向沉默不语的同学们能够主动道歉，更让我感到欣慰。

如今，焦虑的人只剩下瑞希了。从前，她随便说几句话就能成为众人瞩目的焦点。可现在，她为了引起大家的关注绞尽脑汁的样子，看起来竟有些可怜。

生活体验课上，同学们都准备了与宠物有关的内容，第一个上台展示的是瑞希。

"哇！好可爱！"

"真漂亮。"

同学们的反应很热烈。瑞希用一连串精致可爱的图片和视频，成功吸引了大家的目光，显然，她自己也十分满意。但最终的结果是，志敏的课堂作业获得了最高评分。虽然志敏的作业排版设计算不上精美，但胜在内容丰富、翔实。

课间休息时，一张纸条在同学们间传来传去，最后传到了我和娜妍这里。纸条上画着一张很丑的脸，下面写着志敏的名字，还用相同的字体写了这样一段话。

油油的头发，到底多久洗一次头？

天天穿一样的！衣服就那一件吗？

呛！还有口臭……

这时，智允朝我们这边走了过来，她从我手中一把抢过纸条，然后大步走到瑞希面前。看着智允严肃的表情，瑞希也变得紧张起来。教室里的气氛瞬间变得异常压抑。

智允当着瑞希的面，把纸条撕成了碎片。

瑞希尖声叫道："你疯了吗？"

"以后别再做这种事了！还有，去跟志敏道歉。"

瑞希被智允坚定的语气震慑住了，一句话也说不出来，直接跑出了教室。

瑞希既没有承认错误的勇气，也没有道歉的胆量。

她已经不再是呼风唤雨的"狮子"了。这一点，其他同学也都看在眼里。班级这片"丛林"里，开始出现了新的变化。

看着瑞希跑出教室，素恩说："心里真痛快，是吧？她一直都那么自以为是。"

我附和道："是啊，她们也不过如此。"

听到这些，娜妍说道："我们可不要像她们那样，不要欺负其他同学，也不要说别人的坏话。"

一瞬间，我对娜妍肃然起敬。她说得没错，我也不想把"狮子"和"鬣狗"的分裂当作自己的机会。或许"狮子"之所以总是张牙舞爪，只是因为她比任何人都胆小怯懦。所以，就算不去理会她们，我们也完全可以在这片"丛林"里相互守护，获得属于自己的快乐。

即使有时会受伤，会感到害怕，但至少我们不再孤单。如果朋友摔倒了，我会扶起她；如果我摔倒了，也会有朋友扶起我。这就足够了。

放学回家的路上，天空突然下起了小雨。在便利店前，我听到有人喊我的名字，回头一看，是李朗在向我招手。

"多仁！"

是那把熟悉的雨伞！曾经，每当我忘记带伞时，就会和她共用那把伞。

“最近好吗？”

“嗯。”

我们已经很久没有说过话了。这一刻，气氛有些尴尬，一时间竟不知道该说些什么，耳边只剩下雨滴打在伞面上的滴答声。

李朗打破了沉默。

“几天前，我偶然遇到了刘书俊，之前是我误会你了。虽然道歉来得有些迟，但我还是想跟你说一声‘对不起’。”

这个场景，我在脑海里想象过无数次。曾经我无数次幻想，等她知道真相后，我一定要好好质问她，让她知道我当时有多委屈。可如今，当这一刻真的到来时，我却什么责备的话也说不出口。

我努力鼓起勇气，对李朗说道：“那时……我不是故意推你的，看到你受伤，我也很难过。”

“我知道。”

李朗微微一笑。我的心里涌起一丝悲伤，同时又感到一丝释然。

尽管去年的误会如今已经消除，我们也互相道了歉，但我和李朗的关系，再也回不到从前了。不过至少，以后回想起来，留下的会是一些美好的回忆。

"你要好好的。"留下这句简短的问候，李朗便转过身。临走前，她回头看了我一眼，说："你好像有些变化，是往好的方向变了！"

雨越下越大，李朗离去的身影在雨幕中渐渐模糊。

"你也要好好的！"我对着她的背影喊道。

정글 인 더 스쿨 (The Jungle in the School)

First published in Korea in 2024 by Lime Co., Ltd.

Simplified Chinese translation rights arranged by Lime Co., Ltd. through May Agency

Simplified Chinese translation copyright © 2025 by Beijing Science and Technology Publishing Co., Ltd.

著作权合同登记号　图字：01-2025-0582

图书在版编目（CIP）数据

女孩的丛林：女孩人际交往中的那些事 /（韩）吴
善京著；（韩）棕熊绘；姜青美译. -- 北京：北京科
学技术出版社，2025. -- ISBN 978-7-5714-4556-0

Ⅰ. C912.15-49

中国国家版本馆 CIP 数据核字第 2025GE1600 号

策划编辑：石　婧
责任编辑：樊川燕
责任校对：贾　荣
图文制作：沈学成　杨严严
责任印制：吕　越
出 版 人：曾庆宇
出版发行：北京科学技术出版社
社　　址：北京西直门南大街 16 号
邮政编码：100035
ISBN 978-7-5714-4556-0

电　　话：0086-10-66135495（总编室）
　　　　　0086-10-66113227（发行部）
网　　址：www.bkydw.cn
印　　刷：雅迪云印（天津）科技有限公司
开　　本：710 mm × 1000 mm　1/16
字　　数：50 千字
印　　张：7.25
版　　次：2025 年 7 月第 1 版
印　　次：2025 年 7 月第 1 次印刷

定　　价：59.00 元